FRAUEN mit kleinen BUSEN haben große HERZEN

Von Herbert I. Kavet
Entworfen und illustriert von Martin Riskin

BASTEI-LÜBBE-CART(
Band 75 004

Erste Auflage: Januar 1988

© Copyright 1985 by Ivory Tower Publishing Company, Inc.
All rights reserved · Deutsche Lizenzausgabe 1988
Bastei-Verlag Gustav H. Lübbe GmbH & Co., Bergisch Gladbach
Originaltitel: SMALL BUSTED WOMEN HAVE BIG HEARTS · Ins Deutsche
übertragen von Florian Zacharias · Umschlaggestaltung: Quadro Grafik, Bensberg
Druck und Verarbeitung: Ernst Klett Druckerei GmbH & Co. KG, Stuttgart
Printed in Germany · ISBN 3−404−75004−7 · Der Preis dieses Bandes versteht sich
einschließlich der gesetzlichen Mehrwertsteuer.

Vorwort

Es stimmt, Frauen mit kleinen Busen haben große Herzen. Ihre Herzen wachsen wegen der törichten männlichen Besessenheit nach gewaltigen Brüsten. Es ist diese Besessenheit, die kleinbusige Frauen zwingt, andere Charaktereigenschaften zu entwickeln; wie sonst sollten sie das Necken und Ärgern in all den Jahren überstehen? Vielleicht mögen Sie fragen: »Wenn ihre Herzen so groß sind, wo verstecken die kleinbusigen Frauen sie denn?« Sie bewahren ihre großen Herzen in ihren kompakten, schlanken Körpern, sind voller Liebe, Mitgefühl und Wärme.

Ein besonderes Dankeschön an die Frauen bei Ivory Tower, die mit großen und kleinen Busen (und auch an die normalen, denn davon gibt es auch einige), denn sie haben die meisten Anregungen für dieses Büchlein geliefert.

Frauen mit kleinen Busen

... brauchen sich nicht zu fürchten —
sie bestehen jeden Bleistift-Test

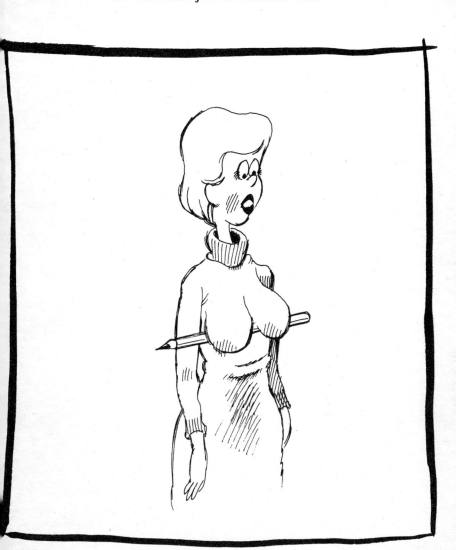

Frauen mit kleinen Busen

. . . können ohne BH ausgehen —
das ist angenehm bei warmem Wetter
und das ganze Jahr über sehr sexy

Frauen mit kleinen Busen

... haben bei Drehtüren nie Probleme,
selbst wenn sie mit Paketen schwer beladen sind

Frauen mit kleinen Busen

... passen in den winzigsten Bikini
und sehen nie ›überfüllt‹ aus

Frauen mit kleinen Busen

... wissen, wenn jemand sie berührt,
daß es aus Liebe geschieht,
und nicht, weil er (oder sie!) nur ihre Kurven spüren will

Frauen mit kleinen Busen

... können auf dem Bauch schlafen

Frauen mit kleinen Busen

... haben es beim Kleiderkaufen einfacher.
Es gibt mehr Auswahl, notfalls auch in der Kinderabteilung.
Und sie brauchen den Saum nie zu verlängern

Frauen mit kleinen Busen

... werden eines schönen Gesichts wegen bemerkt.
Männer sehen ihre Haare, ihr Lächeln, ihre Augen

Frauen mit kleinen Busen

. . . werden um ihrer selbst willen geschätzt,
wegen ihrer Persönlichkeit, ihren Fähigkeiten.
Sie brauchen sich nie zu fragen,
warum sie den Job bekommen haben

Frauen mit kleinen Busen

Sehen immer jünger aus

Frauen mit kleinen Busen

... können an Schwulenstränden oben ohne sonnenbaden

Frauen mit kleinen Busen

Sport ist ein Gebiet,
wo die Überlegenheit kleinbusiger Frauen
wirklich sichtbar wird. Können Sie sich eine
16jährige Turnerin mit Möpsen wie Dolly Parton vorstellen?

Und: kleinbusige Frauen können ungehemmter joggen

Frauen mit kleinen Busen

... erhalten viel bessere Noten beim Kunstspringen.
Es planscht nicht so heftig

Kleinbusige Frauen sind beim Fechten schwerer zu treffen

Frauen mit kleinen Busen

. . . können Aerobic betreiben, ohne Gefahr zu laufen,
sich selbst außer Gefecht zu setzen

Frauen mit kleinen Busen

. . . haben das herrliche Erlebnis,
sich selbst wachsen zu sehen, wenn sie schwanger sind.
Ihr großes Herz schrumpft nicht in der kurzen Erfahrung
mit größeren Brüsten –
in den meisten Fällen wird ihr Herz noch größer

Frauen mit kleinen Busen

... wissen: Alles, was über eine Handvoll hinausgeht,
ist Verschwendung

Frauen mit kleinen Busen

... werden weniger belästigt,
wenn sie an einer Baukolonne vorbei müssen

Frauen mit kleinen Busen

. . . machen eine bessere Figur beim Limbo

Frauen mit kleinen Busen

... sehen im Wintermantel besser aus —
sie können auch noch ein paar Pullover drunter anziehen

Frauen mit kleinen Busen

... können auch noch als letzte in die Wanne —
es gibt keine Überschwemmung

Frauen mit kleinen Busen

. . . können enge Pullover tragen,
ohne in Verlegenheit zu geraten oder ungewollt
im Mittelpunkt hechelnder Männerblicke zu stehen

Frauen mit kleinen Busen

... können Wange an Wange tanzen,
ohne daß die Bandscheibe des Partners knirscht

Frauen mit kleinen Busen

... stellen fest, daß alles, was sie ›geschlabbert‹ haben,
wirklich auf die Serviette auf dem Schoß fällt

Frauen mit kleinen Busen

... wissen, daß man die Botschaften
auf ihren T-Shirts ohne Schwierigkeiten lesen kann

Frauen mit kleinen Busen

...brauchen sich keine Sorgen darüber zu machen,
daß ihnen die Knöpfe wegplatzen

Frauen mit kleinen Busen

... verursachen nicht jedes Mal Verkehrsunfälle,
wenn sie sich auf der Straße mal bücken

Frauen mit kleinen Busen

. . . können in Räumen mit beengten Verhältnissen
weniger in Verlegenheit gebracht werden

Frauen mit kleinen Busen

...sind weniger in Gefahr,
wenn ihnen ein Kleid angepaßt wird

Frauen mit kleinen Busen

... können Seilchenspringen und Treppensteigen,
ohne seekrank zu werden

Frauen mit kleinen Busen

... können mit einem kleineren Mann tanzen,
ohne ihn in arge Verlegenheit zu bringen
und ohne sein Augenlicht zu gefährden

Frauen mit kleinen Busen

. . . werden weniger von ›versehentlichen‹
Ellbogenstupsern belästigt

Frauen mit kleinen Busen

... platzen auch in ungewöhnlichen Situationen
nicht aus ihrem Dekolleté

Frauen mit kleinen Busen

... können immer ihre Schuhe und Zehen sehen

Frauen mit kleinen Busen

... haben keine Mühe,
hinter das Steuerrad enger Autos zu rutschen

Frauen mit kleinen Busen

... sind für andere Frauen viel weniger gefährlich.
Sie schließen schneller Freundschaften
und sind auch uneigennützig,
was darauf zurückzuführen ist, daß sie ein größeres Herz haben

Frauen mit kleinen Busen

... haben in öffentlichen Verkehrsmitteln mehr Platz

Frauen mit kleinen Busen

... passiert seltener ein Malheur

Frauen mit kleinen Busen

. . . können sich Kleider von der Stange kaufen

Frauen mit kleinen Busen

... haben mehr erogene Zonen.
Wirklich – in ihren kompakten Körpern konzentrieren sich die
Nervenenden, und ganz unbestritten haben kleinbusige Frauen
mehr Spaß beim Sex

Frauen mit kleinen Busen

. . . werden seltener gefragt, ob sie ›cheerleader‹ werden wollen —
dafür können sie sich mit ihrem Freund auf der Tribüne kuscheln,
was den menschlichen Beziehungen
auf die Sprünge hilft

Frauen mit kleinen Busen

... können schon mal zu spät ins Theater kommen,
denn sie werden nicht eine ganze Sitzreihe aufschrecken

Frauen mit kleinen Busen

... können engumschlungener und länger umarmen

Frauen mit kleinen Busen

... sehen immer schlanker aus

Frauen mit kleinen Busen

... ziehen Männer an, die Verstand, Schönheit
und Persönlichkeit höher einschätzen

Frauen mit kleinen Busen

. . . fühlen sich oft ein bißchen verunsichert wegen ihrer Figur.
Sie kompensieren das mit einer angenehmeren Ausstrahlung
und einer überlegenen Persönlichkeit —
und das ist es, was erfahrene Menschen meinen,
wenn sie sagen, kleinbusige Frauen haben große Herzen

BASTEI-LÜBBE CARTOON

75 001

Scharfzüngig, weitsichtig und kurzweilig!

75 002

Weise, wahr und wunderbar!

75 003

Unabhängig, unverwechselbar und unentbehrlich!

75 004

Freundlich, fröhlich und sehr, sehr fraulich!

75 005

Radikal, reaktionär und rotzfrech!

75 006

Tollkühn, treffischer und topaktuell!